AF503486

SCIENCE ET RELIGION
Etudes pour le temps présent

Du Protestantisme au Catholicisme

PSYCHOLOGIE D'UNE CONVERSION
AU XVII° SIÈCLE — Mme CHARDON

PAR

le Baron André de MARICOURT

Archiviste paléographe

—

Avant-propos

PAR

DOM BESSE

PARIS

LIBRAIRIE BLOUD & Cie

4, RUE MADAME ET RUE DE RENNES, 59

—

1904

Paris, 15 Mai 1903.

Sur le rapport favorable qui nous en a été adressé, nous permettons l'impression du volume intitulé : Du *Protestantisme au catholicisme*, Psychologie d'une conversion.

G. LEFEBVRE,
vic. gén.

Du Protestantisme au Catholicisme

AVANT-PROPOS

La révocation de l'édit de Nantes vint troubler la bonne foi d'un grand nombre de protestants français. Ils se prirent à douter d'une religion traitée par un Roi aimé et respecté comme un danger national. L'inquiétude, qui en résulta, devait forcément les conduire à un examen sérieux du catholicisme. Beaucoup alors reconnurent l'erreur des doctrines et des pratiques religieuses, léguées par leurs familles. D'autres ne se sentirent point ébranlés tout d'abord. Mais l'exemple de conversions, dont la sincérité ne pouvait faire le moindre doute, finit par diminuer leur sécurité religieuse. Ils se demandaient alors si le catholicisme était dans la réalité tel qu'on le leur avait présenté jusqu'à ce jour. C'était un acheminement vers la conversion.

Monsieur de Maricourt a eu en mains de quoi reconstituer les étapes de l'un de ces retours à la vérité catholique. Les diverses phases de l'état d'âme, qu'il met sous les yeux du lecteur, sont du plus haut intérêt. C'est de la théologie vécue.

Il s'agit d'une femme distinguée, douée d'une intelligence élevée, d'un caractère très droit et d'un jugement ferme. Son mari a embrassé le catholicisme après la fameuse révocation de l'édit de Nantes ; ses enfants vont être élevés dans cette même confession religieuse. C'est un premier coup. Son cœur cruellement frappé ne s'ébranle pas cependant. Madame Chardon, toujours persuadée de la vérité du protestantisme, est décidée, pour rester fidèle à ses pratiques, à quitter patrie et famille.

Mais il y a dans son entourage d'autres conversions. Comment voir des personnes éclairées et vertueuses abandonner le culte de leur enfance, sans être émue au plus profond de son âme ? Cette nouvelle secousse l'agite plus fort que la première. Un premier doute sur la vérité du protestantisme se présente à son esprit. C'est un premier pas. Des amis la conduisent au sermon et la mettent en rapport avec des prêtres instruits. Elle lit. Tout cela ne fait qu'augmenter ses souffrances morales. Le cœur n'est pas encore gagné.

« Enfin, c'est madame Chardon qui parle, je pris le parti d'assister une fois à la messe et d'étudier le catholicisme. J'y pleurai beaucoup en me signant. Je ne sais pourquoi, car je ne me suis jamais repentie depuis ce jour d'avoir embrassé la religion catholique ».

Madame Chardon a prié; elle est convertie. La paix première ainsi conquise ne lui suffit pas. Le souvenir de ces débuts lui arrachera plus tard cet aveu : « Ma première tranquillité se pouvait appeler sécurité, car j'étais contente, sans avoir examiné à fond si je le devais être ». Elle ajoutera : « La tranquillité que je possède à présent est fondée sur toute la lumière dont je suis capable ».

C'est par une étude approfondie de la religion qu'elle a conquis ce bien-être moral. Son confesseur l'a aidée de ses conseils dans ce travail long et difficile. Il est curieux d'assister à la disparition des préjugés accumulés dans son esprit par l'éducation protestante. Ils tombent l'un après l'autre, à mesure qu'elle connaît mieux le catholicisme, ses dogmes, les pratiques de son culte. Ce qui était obscur devient lumineux. Elle comprend les textes faussés ou supprimés de la Bible. L'histoire corrobore l'interprétation que l'Eglise en donne. Le catholicisme apparaît comme la suite normale de la grande tradition chrétienne ; les protestants ne sont que des séparés.

Cette psychologie d'une conversion est de l'apologétique en acte.

DOM BESSE

Ligugé-Herck la ville, en la fête de saint Jean Baptiste 1903.

INTRODUCTION

On lit dans les *Mémoires* de M. de Saint-Simon, pour l'année 1704, le récit suivant :

«...Un fameux avocat qui s'appelait Chardon, et qui l'a été de mon frère et le mien, avait été huguenot et sa femme aussi ; ils étaient de ceux qui avaient fait semblant d'abjurer, mais qui ne faisaient aucun acte de catholiques, qu'on connaissait parfaitement pour tels, qui même ne s'en cachaient pas, mais que la grande réputation de Chardon soutenait et le nombre de protecteurs considérable qu'elle lui avait acquis... Etant un matin dans leur carrosse, tous deux arrêtés auprès de l'Hôtel-Dieu, Mme Chardon porta ses yeux sur le grand portail de Notre-Dame et peu à peu tomba dans une profonde rêverie qui se doit mieux appeler réflexion...

« Elle se dit qu'il y avait bien des siècles avant Luther et Calvin que toutes ces figures de Saints avaient été faites, que l'opposition de leurs réformateurs à cette opinion si ancienne d'invoquer les Saints était une innovation et que cette nouveauté lui rendait suspects les autres dogmes du calvinisme...

« De là un examen qui dura plus d'un an pendant lequel les parties et amis de Chardon se plaignaient qu'il ne travaillait plus et qu'on ne pouvait plus le voir ni sa femme...

« Enfin, le moment de Dieu venu, ils abjurèrent et tous deux ont passé depuis une longue vie dans la piété et les bonnes œuvres, surtout dans un zèle ardent de procurer à leurs anciens frères de religion la même grâce qu'ils avaient reçue. Mme Chardon s'instruisit fort dans la controverse, elle convertit beaucoup de Huguenots. Le comte d'Auvergne l'attira chez sa femme. L'une et l'autre avaient de l'esprit et de la douceur.....»

Nous ne possédions aucun renseignement biographique quelque peu complet sur Mme Chardon dont Saint-Simon nous présente la conversion, quand le hasard nous fit découvrir un ouvrage fort rare, édité en 1755, chez

Simon, à Paris, sous le nom de mémoires de Mme C.

. C'est l'édifiant récit de la conversion d'une protestante ramenée aux lumières du catholicisme. Divers manuscrits et documents d'archives, provenant de la famille Chardon, nous permirent alors de compléter et de corriger ces *Mémoires* auxquels ils s'adaptent parfaitement. De plus, dans un *Traité de la Vie des Justes*, publié en 1825 à Lyon, l'abbé Carron parlait des *Mémoires* de Mme C., en la désignant cette fois sous le nom de Mme Chardon.

Dès lors, le doute n'était plus possible. Mme Chardon, auteur des *Mémoires,* et la protestante convertie dont parle Saint-Simon ne formaient qu'un seul et même personnage.

Et ce personnage c'était Dame Marie Caillard, fille d'un avocat de mérite d'une famille noble originaire de Touraine, et mariée le 6 février 1669, à Paris, à Daniel Chardon, avocat à Paris (1).

(1) Cf. *Mémoires* du duc de Saint-Simon, publiés par A. de Boislisle (Collection des grands écrivains) t. III, p. 95. Note : Chardon, qui avait été reçu avocat le 25 novembre 1659, bâtonnier le 9 mai 1699, mourut en janvier 1714, et t. XII, p. 254. La conversion de Chardon s'étant produite au moment de la révocation, le Roi l'ayant

De ce mariage naquirent trois enfants (1).
Marie-Anne, religieuse à la Madeleine de Trainel, à Paris ; Elisabeth, mariée à Henri de Besset de la Chapelle, petit-neveu de Boileau, secrétaire du Conseil de la marine, grand'mère de la Présidente d'Hozier ; et Daniel Chardon, écuyer, conseiller à la Cour des aides, père du chevelier Chardon, célèbre jurisconsulte du xviiie siècle, intendant de Corse et lieutenant de police de Paris (2).

fait venir lui avait dit fort obligeamment qu'il était bien aise de voir un homme de son mérite qui prenait le bon parti, que s'il avait affaire de lui, il le trouverait toujours (*Gazette du P. Léonard*. Manuscrit français, 10265, fol. 85 v°, 24 novembre 1685). Haag, dans la *France protestante*, t. III, p. 345, brouille tout et confond l'auteur des *Mémoires* avec sa belle-fille. Il cite le *Mercure de France* qui affirme que Chardon a embrassé le catholicisme parce qu'une religion aussi nouvelle que la protestante ne pouvait être la bonne et, « disant qu'il est inutile de relever cette platitude », met sur la révocation la cause de la conversion de Chardon. Il a soin de dire que sa femme, ayant été plus opiniâtre, fut enfermée en 1686 chez la Miramion et qu'elle *feignit* d'abjurer.

(1) La famille Chardon s'est éteinte dans la famille de Maricourt.

(2) Par une curieuse coïncidence, le fils de ce dernier épousait en 1799 une Anglaise de la religion anglicane, miss Backshell. Nous avons retrouvé dans ses papiers les *Mémoires* de Mme Chardon sus-nommée. Elle se convertit elle-même vers 1812 sous la direction de Mgr de Quélen et elle a laissé quelques notes manuscrites sur les motifs de

Il nous a semblé que les extraits des *Mémoires* précités pourrait être de quelque utilité au soutien de la Foi. Emanant d'une ancienne protestante qui a connu les affres du doute et n'est venue au catholicisme qu'après avoir vécu dans les croyances les plus enracinées aux erreurs de Calvin, ils peuvent répondre à la soif de lumières éprouvée par les protestants chancelants.

sa conversion. Nous relevons entre autres ce passage écrit avant qu'elle embrassât le catholicisme : « Un des points qui me porteraient vivement à la conversion c'est qu'en me plaçant à ma dernière heure je voudrais être catholique. Si j'avais la certitude de mourir dans quelques heures, je me jetterais à genoux et je prierais Dieu de me recevoir, malgré mes doutes involontaires, dans le sein de l'Eglise catholique. »

CHAPITRE PREMIER

MADAME CHARDON HÉSITE À EMBRASSER LE CATHOLI-
CISME

L'éditeur des Mémoires de Mme Chardon nous la dépeint comme douée des plus grands mérites. Elle avait, dit-il, une gravité tempérée par la douceur et qui séduisait tous ceux qui l'approchaient.

Née dans le sein de l'erreur, elle y renonça courageusement, dès qu'une étude approfondie de la religion lui eut découvert la vérité.

Autant son zèle ardent l'avait rendue capable de faire des prosélytes à sa secte, autant ce même zèle, plus éclairé après sa conversion, la rendit active pour ramener au sein de l'église ses frères égarés. Louis XIV, informé de sa science et de sa piété, lui envoyait souvent des protestantes de qualité, pour qu'elle les instruisît, et il faisait passer par ses mains une partie des aumônes abondantes qu'il consacrait à secourir celles des nouvelles catholiques qui se trouvaient dans le besoin.

Mme Chardon était intimement liée avec le grand Bossuet, à qui elle faisait et dont elle recevait de fréquentes visites. L'illustre Lamoignon (1) l'honorait aussi d'une estime et d'une affection particulière. C'est aux instances de ce magistrat célèbre que le public est redevable des mémoires dont nous offrirons le précis au lecteur, en y rapportant les propres expressions de la scrupuleuse néophyte.

---

(1) Ch. François de Lamoignon, président à mortier au parlement de Paris (1654-1708). Ami de Bourdaloue et de Boileau, protecteur des gens de lettres et jurisconsulte éminent.

« Etant encore d'un âge fort tendre, nous dit-elle, j'allais souvent dans une maison du voisinage dont les habitants étaient catholiques. J'y voyais des filles à peu près de mon âge. Je prenais grand plaisir à être dans une chambre où il y avait une petite chapelle ornée d'un crucifix...

Mais ce qui me touchait davantage était la lecture de l'histoire d'une sainte, qu'on rapportait avoir été enlevée au ciel par des anges. Je sentis un grand désir de jouir du même bonheur. Etre éternellement avec Dieu, dans le séjour des bienheureux, animait si vivement mon cœur, que je ne pensais à autre chose. Je crus qu'il ne fallait pour y réussir, qu'être catholique. Je dis à ces jeunes filles que je voulais l'être. Il me semble même que Dieu m'accordait assez de courage pour exécuter mon dessein. Je donnai dans ce temps le peu d'argent que j'avais pour faire dire des messes pour une servante de ma mère, qui était morte... Mon projet étant venu à la connaissance de mon père et de ma mère, je fus punie et j'oubliai sans peine ce que j'avais promis. Mon cœur s'était laissé gagner par mes yeux : dès que mes yeux ne virent plus rien, mon cœur ne sentit plus rien... L'erreur prit de profondes racines dans mon âme, et tout ce que j'avais fait ayant attiré sur moi des soins plus assidus, je n'en devins que plus protestante...

Je fus mariée extrêmement jeune, et quoique dans cet âge, j'employasse beaucoup de temps à cultiver les faibles avantages que la nature m'avait donnés, je ne laissais pas de penser bien souvent qu'il fallait mourir, je m'instruisais avec soin des maximes de la religion que je professais ; je lisais tous les jours avec application la Sainte Ecriture ; j'en écrivais et j'en apprenais plusieurs endroits. Mon cœur naturellement tendre se sentait porté vers Dieu ; j'avais, ce me semble, beaucoup de haine pour le péché ; mais, hélas ! que j'ai juste sujet de croire que mon cœur me trompait, puisqu'en secret je faisais tant de choses contraires à ce que je devais à Dieu !...

Je m'étais rendue fort habile à ce que je croyais, dans la controverse, sur les matières qui divisent les catholiques d'avec les protestants. On me regarda comme un pilier de la religion que je pratiquais...

Jamais nous n'examinions les raisons des catholiques avec des yeux équitables, nous ne nous en occupions que pour y trouver des réponses. Le chancelier ayant averti mon époux que l'édit de Nantes serait révoqué, il voulut, en homme sage, examiner si la religion dans laquelle on voulait nous faire entrer, était aussi mauvaise que nous nous l'étions toujours imaginé. Cet examen me causa des douleurs incroyables, j'étais si fort prévenue, que je regardais comme une grande tentation tout ce qu'on faisait pour s'éclaircir : je me jetai vingt fois à ses pieds pour l'obliger à tout abandonner...

Mais ne pouvant rien gagner sur lui, je résolus de le quitter et d'emmener mes enfants ; ils étaient tous d'un âge si tendre, qu'ils m'auraient suivie sans peine. Mille obstacles cependant m'empêchèrent d'exécuter mon dessein... Ayant appris par M. de Lamoignon la révocation définitive de l'édit de Nantes, je fus frappée comme d'un coup de foudre... Tout le monde pleurait et faisait des résolutions, les uns par sensibilité, les autres par imitation, chacun prenait son parti... Liée par la promesse que j'avais faite de ne point enlever mes enfants, je résolus de m'en aller seule pour rester fidèle à une religion, que j'aimais parce que je n'en connaissais pas les défauts. Je ne puis représenter ici les agitations cruelles que je sentais, lorsque je pensais que j'allais quitter mon mari et mes enfants, il semblait que l'on m'arrachait les entrailles et quelque tendresse que j'eusse pour eux, je les aurais vus mourir avec joie...

Cependant, mon époux avançait fort dans son instruction et tâchait de me faire entrer dans les mêmes sentiments, mais, sans examiner s'ils étaient justes, je ne cherchai qu'à les combattre... Je pris le parti de lui écrire une lettre sur les matières de controverse, que j'accompagnai d'une prière, pour laquelle je demandais à Dieu ce qui était le plus utile pour le salut de mon mari. Enfin, il se détermina à rentrer dans le sein de l'église. Ma douleur fut excessive ; les cris les plus affreux sortirent de mon sein ; les pleurs les plus amers coulèrent par mes yeux. Mes enfants attendris sur mon état avaient beau, par leurs caresses et leurs protestations, vouloir adoucir ma peine, leur vue ne faisait que redoubler ma douleur. Je les croyais perdus, parce que je les voyais déjà dans le sein d'une religion que je détestais. J'eusse voulu fuir, mais j'étais presque gardée à vue. Je me résolus donc à souffrir, et le désir du martyre se présentait si vivement à mon esprit, qu'il me semblait que je n'y arriverais jamais assez tôt.

Marcher sur les traces de mon Sauveur et de tant de saints faisait ma plus douce espérance.

Une femme se mit en tête de m'amener M. Blampignon. l'un des plus habiles curés de Paris ; j'eus beaucoup de peine à le voir, mais mon mari m'ayant prié de le faire, j'y consentis à condition que je ne parlerais point. Je ne tins pas longtemps ma résolution. Il s'énonçait si bien et avec tant de douceur et de charité, que je ne pus m'empêcher de lui répondre. Il me semble qu'il y eut plus d'esprit que de cœur dans cette conversation ; comme elle n'eut pas de suite, ce qu'on y avait dit ne fit pas grande impression sur moi. »

Mᵐᵉ Chardon rend ensuite compte des diverses conférences qu'elle eut depuis avec les évêques de Tournai, de Toulon, et avec l'abbé de Rubecq, mais qui n'eurent pas de meilleur effet que la première. Sur ces entrefaites, plusieurs personnes dont elle estimait infiniment la science et la piété, persuadées de la vérité, se réunirent à l'église. Ce coup l'étourdit, dit-elle. Elle ne savait plus que dire, ni que penser et commençait à concevoir quelque défiance d'elle-même.

Serait-il possible que je me trompasse ? s'écriait-elle ; mais ces pensées n'étaient pas assez fortes pour détruire ses préventions.

Vers cette époque, on l'entraîna, malgré elle, à Saint-Etienne-du-Mont, pour y entendre le fameux Dom Jérôme.

En entrant dans l'église, elle sentit en elle-même une grande frayeur, et son cœur était prêt à lui faire dire :

« Le Seigneur est ici et je n'en savais rien ! »

Elle adora Dieu en le priant de lui faire savoir ce qu'il désirait d'elle.

Le sujet du sermon était « La charité ». Il lui parut qu'il renfermait certains passages marqués du sceau divin. Toutes les paroles du prédicateur lui paraissaient si touchantes et marquées de la grâce, qu'elle ne put s'empêcher d'en être fort touchée. Elle ne fit que pleurer pendant tout le temps qu'elle demeura dans l'église, mais l'impression ne tarde point à s'effacer, et bientôt elle n'y eût plus que l'effet d'une tentation démoniaque.

Cependant son parent, M. des Mahis (1) qui, de

(1) Le chanoine Groeite des Mahis restediacre toute sa

ministre de la religion protestante était devenu chanoine d'Orléans, lui ayant prouvé, au cours d'une visite, la nécessité de l'autorité, elle commença à sentir quelque trouble.

Personne ne parlait religion mieux que lui. Il ébranlait par ses réflexions tout ce que Mme Chardon considérait comme si solide.

« L'écriture ne me paraissait pas si claire, s'écrie-t-elle, je trouvais mille choses dans ma religion que je ne voyais point dans les livres saints, et mille choses dans ces livres saints que je ne voyais pas dans ma religion.

Ma raison ne pouvant surmonter les difficultés qui s'élevaient dans mon esprit, j'en vins à ne rien croire du tout. Cependant mon cœur résistait. Cet état ne m'accommodait point. Je sentais que mon âme était créée pour d'autres biens que pour les périssables. Il me semblait que le plus sûr était de rejeter ces pensées de pyrrhonisme qui s'élevaient dans mon esprit. Je voulais me sauver. Dans cette situation, je pris la résolution de me dégager, autant qu'il me serait possible, de mes préventions et d'examiner les religions, afin de suivre absolument celle qui me paraîtrait la meilleure. Jusque là je n'avais songé qu'à combattre la catholique ; mais alors je commençai à les examiner toutes. Je jetai les yeux sur les quatre religions principales qui sont dans le monde ; la raison et le bon sens me firent comprendre que je devais me déterminer en faveur de la chrétienne.

vie par esprit d'humilité. Il est l'auteur d'un excellent traité sur la Vérité de la religion catholique prouvée uniquement par la sainte Ecriture. Cet ouvrage traduit du Français en Anglais a fait beaucoup de bien en Angleterre à la fin du xviiie siècle (édité chez Edward Valcker Neweasthe 1799).

CHAPITRE II

EXAMEN DE LA RELIGION CATHOLIQUE

« Mais lorsque j'en fus là, les difficultés me parurent encore plus terribles. Je trouvais mille sectes
différentes qui assurent toutes qu'elles ont la vérité.
Je ne voulais plus croire personne sur sa parole et
c'était un examen judicieux qui devait me déterminer.

Tout ce que j'avais entendu dire à tant d'habiles
gens que la charité avait portés à me venir chercher
se présenta à mon esprit. Ce que mon époux m'avait
dit si souvent du premier chapitre du quatrième livre
de Calvin revint à ma mémoire. Je voulus le voir
par moi-même et à mesure que je le lisais, il me
semblait que des écailles tombaient de mes yeux. Ce
qui n'avait point produit d'effet tant que je le regardais à travers ma prévention commença à faire quelque impression sur mon cœur. »

La généreuse néophyte raconte les tentations
qu'elle éprouva de la part de l'ennemi du salut qui,
craignant de perdre sa proie, mettait tout en œuvre
pour la retenir dans l'erreur. D'abord il lui suggéra
la pensée que sa tendresse pour son mari et ses
enfants était, peut-être, le seul motif qui lui faisait
envisager la religion catholique d'une manière moins
défavorable qu'autrefois, ensuite, lui représentant le
bonheur d'une âme qui souffre la persécution ou la
mort même pour Jésus-Christ, il allumait dans son
cœur un vif désir du martyre, et lui montrait l'Eglise
protestante comme portant le caractère de la vraie
Eglise, puisque, comme elle, elle était persécutée et
affligée. « Agitée par ces diverses pensées, continua-
t-elle, je ne savais à quoi me déterminer, et, dans

l'excès de ma douleur, je dis mille fois avec le Prophète :

N'y a-t-il point de Dieu en Israël ? A-t-il oublié de faire miséricorde ? Ses compassions sont-elles resserrées ? Ne m'enverra-t-il pas quelques signes de sa bonté ? »

Dans cette extrémité pressante, mon âme refusait d'être consolée par tout ce qui paraissait sous le soleil et souvent, pour trop sentir les choses, je ne sentais rien du tout. Mais, mon Dieu, lorsque vous paraissiez sourd à ma voix, vous travailliez à ma conversion ; vous amollissiez la dureté de mon cœur, et vous prépariez vos voies dans mon âme. J'avais souffert de cruelles douleurs lorsque mon époux changea ; mais ce que je souffrais dans cette dernière occasion était mille fois plus cruel.

Dans la première, tout ce que j'avais de religion me soutenait. Je croyais faire mon devoir en lui résistant et le témoignage que je me rendais, me fortifiait et me servait de consolation. Mais je craignais de prendre un parti quelconque. Je craignais oh ! mon Dieu ! de combattre contre vous en m'adonnant à la controverse.

Vingt fois le jour, le cœur percé de douleur et les yeux baignés de larmes, je me jetais à vos pieds n'osant prononcer une parole et ne sachant que vous demander !

Enfin je pris le parti d'assister une fois à la messe et d'étudier le catholicisme.

J'y pleurai beaucoup en me signant. Je ne sais pourquoi, car *jamais je ne me suis repentie depuis ce jour d'avoir embrassé la religion catholique.*

Dès lors, mon Dieu, Vous me fîtes la grâce de me laisser apercevoir les défauts de l'église réformée et je m'attachai à raisonner. Mes réflexions et, plus

encore, votre grâce, Seigneur, qui travaillait en moi
et fortifiait mes lumières effacèrent mes préventions :

CHAPITRE III

DE LA TRADITION

Un des premiers mouvements qui inclina la néophyte vers le catholicisme fut, à ce qu'elle nous apprend, l'horreur du schisme. Elle le voyait condamné
par l'Ecriture et les Pères de l'Église. Elle le vit
même condamné par Calvin qui, pour fortifier son
sentiment, rapporte tous les exemples des fidèles de
l'ancien et du nouveau Testament, qui, sans se séparer, supportaient les mauvaises pratiques et les
fausses doctrines tolérées par les conducteurs de la
religion.

L'Antiquité lui parut, il est vrai, pleine de gens
qui formaient des sociétés nouvelles, sous prétexte
de réformer et de suivre de plus près la lettre de
l'Ecriture, mais elle voyait en même temps ces sociétés condamnées par le corps de l'Eglise dont elles
se détachaient, elle voyait ce corps subsister toujours
*malgré les accusations des hérétiques du temps et
demeurer la véritable Eglise, de l'aveu des protestants modernes.*

Or, il lui paraissait que la religion réformée, sé-
parée des autres communions, était, par conséquent,
pareille à celles qui s'étaient séparées aux siècles
passés de l'Eglise catholique. Ces communions étant
blâmées par les réformés eux-mêmes, ils faisaient,
sans s'en douter, leur propre procès. Seule la religion catholique demeurait une et immuable.

Ces réflexions la conduisirent à reconnaître que
l'unité si recommandée dans la sainte Ecriture était

d'une nécessité indispensable et que cette unité ne pouvait subsister *sans autorité* (1).

Après bien des doutes et des perplexités sur le lieu où elle devait placer cette autorité, elle eut le bonheur de comprendre que ce qui fait le fondement de la foi catholique, c'est le témoignage universel de toutes les générations de l'Eglise, consulté et attesté par le concert unanime de toute l'Eglise présente. Quand il s'élève quelque dispute sur laquelle il s'agit de décider, les évêques s'assemblent et sont les juges de la foi. Il faut les regarder comme des témoins authentiques, officiels, établis par le Sauveur.

Commentateurs autorisés de l'Ecriture et gardiens responsables de ce dépôt, ils sont chargés de le conserver et de le faire valoir.

Les décisions prises par l'Eglise entière, par ces évêques en tant qu'organes accrédités, en tant que témoins autorisés de la tradition, forment articles de foi.

« On me fit remarquer, ajoute Mme Chardon, que l'Eglise avait toujours conservé les traditions avec respect, que dans tous les temps, depuis Adam jusqu'à Moïse, les fidèles respectaient la tradition dont les prophètes, le Sanhédrin et le grand prêtre étaient les témoins qualifiés. On me fit également remarquer, que si les Apôtres n'avaient pas eu le respect de la tradition, ils auraient écrit pour l'édification de la postérité dans les lieux où ils allaient prêcher l'Evangile. Ils n'agirent pas ainsi, persuadés que cette postérité pourrait, sur les choses de la foi, s'en rapporter aux témoignages de leurs pères. C'est ce qu'on appelle la tradition de l'Eglise.

(1) Ces réflexions sont les mêmes que celles opposées par Bossuet au catéchisme de Ferri.

Saint Paul écrivant aux Thessaloniciens les exhorte à demeurer fermes en retenant les traditions qu'ils avaient apprises, soit de vive voix, soit par écrit.

L'impossibilité où sont les protestants de marquer le temps dans lequel les dogmes et les cultes qu'ils blâment dans l'Eglise, se sont introduits, servit beaucoup à me faire connaître que l'Eglise tient de tradition apostolique tout ce qu'elle fait et tout ce qu'elle croit...

CHAPITRE IV

DU PURGATOIRE, DE LA CONFESSION ETC.

« En examinant la Sainte Ecriture, je crus reconnaître le dogme du purgatoire clairement établi par les paroles de Jésus-Christ lui-même, lorsqu'il enseignait qu'il y a des péchés qui n'étant pas pardonnés en ce monde (pour la remise de la peine due à ce péché) le sont dans l'autre (1) ; et par l'idée d'une prison dont on ne sort qu'après avoir payé jusqu'à la dernière obole (2). Quant à la coutume de prier pour les morts et d'offrir pour eux des actes de pénitence, saint Paul (3) fait voir que tel était l'usage dès le berceau de l'Eglise ; et si les âmes pour lesquelles les fidèles offraient ces actes d'expiation eussent été dans le paradis ou dans l'enfer, à quoi auraient servi ces prières et ces pénitences ? Enfin Calvin confessa lui-même que la prière pour les morts était reçue dans toute l'Eglise depuis treize cents ans. J'en trouvai assez dans tous ces témoignages pour me rassurer sur ce chapitre... La confirmation que j'avais

(1) Matth., xii, |32.
(2) Matth., v, 25.
(3) Première aux Corinthiens, xv., 29.

toujours regardée comme une pratique nouvelle me
parut établie dans les passages de la Sainte Ecriture,
sur lesquels mon esprit prévenu m'avait empêché
de faire attention. Je lus les actes des Apôtres, dans
lesquels je remarquai qu'ils imposaient les mains
sur ceux qui avaient reçu le Baptême, afin de leur
attirer les grâces du Saint-Esprit (1).

Je remarquai encore que le soin que les Apôtres
prenaient en passant par les villes, de demander
s'il n'y avait pas quelqu'un qui n'eût pas reçu le
Saint-Esprit, ressemblait fort à ce que font aujour-
d'hui les évêques dans la visite de leurs diocèses...
Calvin avoue lui-même que, dans les temps aposto-
liques, l'imposition des mains était un sacrement,
qui a même lieu depuis que les miracles ont cessé ;
mais de sa propre autorité il assure qu'il n'est plus
nécessaire de le pratiquer, et qu'on doit le retrancher.

Je trouvai qu'il était plus sûr d'en croire l'auteur
de l'Epître aux Hébreux, qui met l'imposition des
mains au nombre des dogmes essentiels, et des choses
qui sont du fondement de la foi.

Je passai ensuite à la considération de la confession (2). Dans le nouveau Testament, il est dit que
les Juifs qui étaient baptisés par saint Jean dans le
Jourdain, confessaient leurs péchés ; et je reconnus
que cette confession n'était pas générale, comme
nous nous l'étions figuré puisque saint Luc rapporte
que depuis que l'Eglise chrétienne fut établie, ceux
qui avaient cru venaient confessant et déclarant leurs
actions mauvaises (3).

(1) *Actes*, c. VIII.
(2) *Lévit.*, ch. V, v, 5, 6.
(3) *Actes*, XIX, 18. Il s'agit plutôt ici de l'aveu des actes
de Magie.

Il me parut qu'on ne pouvait douter que le dessein de Jésus-Christ ne fut que les ministres de l'Eglise engageassent les pêcheurs à confesser leurs crimes, puisqu'il dit formellement à ses apôtres qui étaient les premiers pasteurs de cette Eglise : *Je vous dis en vérité, tout ce que vous lierez sur la terre sera lié dans le ciel et tout ce que vous délierez sur la terre sera délié dans le ciel* (1).

Notre Seigneur a dit encore à ses apôtres :

« Les péchés seront remis à ceux à qui vous les remettrez, et ils seront retenus à ceux à qui vous les retiendrez (2).

Or, il est impossible de retenir ou de pardonner ce qu'on ne connaît point.

Saint-Léon parle aussi sur ce passage :

« La rémission des péchés ne se peut obtenir que par l'intercession des prêtres ; car le médiateur de Dieu et des hommes, Jésus-Christ homme, a donné à ceux qu'il a établis pour conduire l'Eglise, la puissance de prescrire l'action de la pénitence aux Fidèles qui se confesseraient de leurs péchés et de les recevoir par la porte de la réconciliation à la communion des sacrements, après qu'ils auront expié leurs crimes par une satisfaction salutaire. »

Ce langage est bien différent de celui des protestants. Nous avons trouvé le secret, pour nous débarrasser de tous ces passages incommodes, de dire que nous devions seulement nous confesser les uns aux autres. Nous nous appuyons sur ce que dit saint Jacques ; mais ces mots : *Les uns les autres* dans le style de l'Ecriture ne marquent pas toujours une action réciproque entre les mêmes personnes. Saint Pierre qui exhorte les chrétiens à se donner

(1) Saint Matthieu, xviii, 18.
(2) Saint Jean, xx, 23.

l'hospice les uns aux autres, ne prétend nullement
par là, engager les pauvres à loger les riches qui les
auraient logés. »

Empruntant ensuite l'autorité de la prétendue ré-
forme, Mme Chardon nous fait remarquer cet aveu
important de M. du Moulin (1) : « Il est faux que
nous disions qu'il ne faut se confesser qu'à Dieu ; il
le faut faire aussi à l'Église, aux pasteurs et au prochain que nous avons offensé. »

Considérant ensuite les matières de la pénitence et
de la mortification corporelle, regardées avec tant
de mépris et comme si peu utiles par nos frères séparés, elle en trouva la nécessité solidement établie :
tant dans l'ancienne que dans la nouvelle alliance,
les Ninivites ne se détournèrent pas seulement de
leurs péchés, mais se couvrirent de sacs et de cendres ;
et ne prirent point de nourriture. Saint Jean prê-
chant la pénitence, se retire dans un désert pour
joindre l'exemple aux instructions : là il se couvre
de la peau d'un chameau, ne vit que de sauterelles
et de miel sauvage. Jésus-Christ unit le jeûne à la
prière, et les Apôtres recommandent cette sainte pratique à tous les fidèles : Paul avoue qu'il châtie son
corps, et le réduit en servitude ; enfin Thimothée
s'abstient de vin ; jusqu'à ce que le même Apôtre
exige qu'il en fasse un usage modéré pour remédier
à la faiblesse de son estomac.

(1) Pierre du Moulin, théologien protestant (1568-1658),
chapelain de la Princesse Catherine de Bourbon, professeur
à Leyde, président du synode d'Alais en 1620, auteur de
De Monarchia temporali pontificis romani, Leyde, 1614, et
de « Nouveauté du Papisme, Sedan, 1627. C'est du dernier
ouvrage que Mme Chardon a tiré le passage ci-dessus.

CHAPITRE V

DE L'EXTRÊME ONCTION ET DE L'EUCHARISTIE

On n'eut pas de peine à faire considérer à Mme Chardon l'Extrême Onction comme un sacrement en lui faisant connaître la parole de saint Jacques ! Y a-t-il quelqu'un d'entre nous malade, qu'il appelle les prêtres de l'Eglise ; qu'ils prient pour lui et qu'ils l'oignent d'huile au nom du Seigneur (1)... »

Elle y trouva le signe sacré de l'onction qu'on doit joindre à la prière et se souvint que Calvin lui-même ainsi que les apôtres s'en sont servi et ne le considèrent pas comme « un médicament. »

Calvin, malgré cela, l'avait rejeté, mais il lui parut à bon droit que la parole de saint Jacques valait celle de Calvin, qui ne rejetait l'Extrême-Onction que parce qu'elle ne produisait plus de miracle. En ce cas, pensait-elle, il aurait également fallu rejeter, comme elle l'avait remarqué au sujet de la confirmation, le baptême parce que les miracles qui accompagnaient jadis ce sacrement ont cessé.

Elle passa ensuite à l'Eucharistie. Après avoir déploré que l'esprit humain ait trouvé un aliment de disputes, là où devait exister un lien d'amour et de paix, elle avoue que son esprit a toujours résisté au mystère de la Réalité. « Je raisonnais à l'infini, dit-elle, et ne sentais pas que ce mystère est de même nature que tous les autres que l'esprit humain ne peut comprendre. Quand elle en fut arrivée là, elle ne chercha plus à le comprendre, mais seulement à « chercher son établissement ».

« Je regardai d'abord si les figures et prédictions

____

(1) Saint Jacques, v, 16.

de l'ancienne Loi, pouvaient avoir du rapport avec la réalité. Or, les Israélites mangeaient aux repas sacrés les victimes offertes à Dieu (1). L'agneau mangé à Pâques était celui qui venait d'être sacrifié. » Cette immolation et cette manducation sont les deux principaux traits de la figure. Notre Seigneur ayant accompli le premier sur la Croix, accomplit tous les jours le second dans l'Eucharistie. Toutes ces figures me parurent favorables pour le sentiment catholique.

Je passai plus loin et je considérai que Jésus-Christ, selon sa coutume d'insinuer les mystères avant de les accomplir, comme il l'avait fait dans sa Mort et sa Résurrection, avait aussi jugé à propos de promettre l'Eucharistie avant de la donner. C'est ce qu'il fit, comme nous le rapporte saint Jean (VIᵉ chap. de son Evangile). Les réponses que nous faisions, nous protestants, pour étudier la preuve tirée de ce chapitre me parurent pitoyables.

On ne peut pas, en effet, soutenir qu'il n'est pas parlé de l'Eucharistie dans ce chapitre. Outre que, sans cela, dans tout son Evangile, Jean n'aurait pas parlé de ce mystère si important, de plus, il n'y aurait aucun endroit de la parole de Dieu, où il fût parlé des saints effets de l'Eucharistie. Si on éloigne le sens des catholiques, il est impossible d'expliquer tout ce qui se trouve dans ce chapitre. Les Pères l'ont entendu de cette manière. Et les Protestants, dans leur confession de Foi, renvoient eux-mêmes à ce chapitre.

Nous disions d'ordinaire, que s'il eût été question dans ce chapitre de la manducation de la chair du Seigneur, telle que les catholiques la proposent, les méchants auraient la vie éternelle parce que notre

(1) *Lévi.*, VII.

Seigneur dit : Celui qui mange ma chair à la vie éternelle.

Je compris aisément, qu'il fallait sous-entendre le terme de *dignement* comme dans ce passage : Celui qui invoquera le nom du Seigneur sera sauvé : Celui qui *croira* et sera baptisé sera sauvé. Car il y a des hommes qui ont reçu la foi, qui ont été baptisés, qui ont prié, et qui n'ont pas laissé d'être perdus (1).

Le consentement unanime des Apôtres à envisager les choses en ce sens, me parut favorable aux Catholiques. Les auditeurs d'un Prédicateur ne s'accordent jamais à lui imputer un faux sens, dans un sujet où il n'y a pas de principe commun qui puisse porter à l'illusion.

De plus, les réponses de Jésus-Christ, auraient été peu charitables à mon sens, s'il n'avait voulu donner qu'une figure, comme le prétendent les Protestants. Selon eux, une manducation orale est impossible. Le même étonnement s'étant produit chez les apôtres, Notre-Seigneur, s'il en était ainsi, ne leur aurait pas dit qu'ils avaient plus besoin *de foi que d'intelligence* et pour les engager à se soumettre ne se serait pas écrié : « *Que sera-ce* donc, quand vous verrez le Fils de l'Homme monter où il était auparavant ? » Ceci me parut une claire décision de notre différend.

Les paroles : *La chair ne profite de rien, c'est l'Esprit qui vivifie,* parut alors à la catéchumène tout en faveur des Catholiques. Si l'on croît, en effet, que Jésus-Christ parle de sa chair dans ce verset, c'est une impiété de dire qu'elle ne profite pas, puis-

______

(1) Il y a bien d'autres raisons en faveur du dogme de la Sainte Eucharistie, mais nous n'avons à tâche ici que de rapporter : les paroles de Mme Chardon.

qu'il nous assure qu'elle donne la Vie. Elle ne profite pas, prise comme les Capharnaïtes se l'imaginaient. Peut-être Notre-Seigneur, s'écrie Mme Chardon, voulait-il déclarer par ces paroles que ce ne serait point par leurs sens corrompus, qu'ils découvriraient le mystère de la manducation de sa chair qui s'accomplirait d'une manière invisible ?

Mme Chardon sentit alors la vérité des paroles du Sauveur : « *Nul ne peut venir à moi, si le Père qui m'a envoyé ne l'attire* » (1). La grâce lui fit « une douce violence ». Peu à peu ses préventions s'effaçant, les vérités célestes s'établissaient dans son âme...

Cependant, elle veut étudier ensuite l'institution même de l'Eucharistie et considère les paroles : *ceci est mon corps, ceci est mon sang* par rapport à ce qui les avait précédées, à ce qui disait les suivre et en elles-mêmes.

1° Par rapport à ce qui les avait précédées. Les Apôtres attendaient que Jésus-Christ accomplît en leur faveur la promesse de leur donner sa chair, pour sauver les hommes. Il est donc aisé de comprendre que les Apôtres, dans l'attente que Jésus-Christ accomplît ces paroles : *Le pain que je vous donnerai à manger, c'est ma chair livrée pour la vie du monde* (2), lorsqu'ils le virent sur le point de mourir, bénissant le pain et leur disant : *Prenez, mangez, ceci est mon corps*, jugèrent aisément que c'était son véritable corps qu'il leur donnait, selon la promesse qu'il leur avait faite.

2° En considérant ces paroles en elles-mêmes : Notre Seigneur, voulant parler de son propre corps,

<hr>

(1) Saint Jean, vi, 44.
(2) Saint Jean, vi, 52.

ne pouvait employer des termes plus formels que ceux-ci : *ceci est mon corps, ceci est mon sang*. Il employait les termes dont Moïse se servait en instituant l'alliance ancienne ; et les Apôtres comprirent que le Maître ne leur présentait pas moins le sang de l'Agneau sans tache, que Moïse n'avait présenté à leurs pères le sang des victimes anciennes. Dans un moment où Jésus-Christ voulait leur donner des marques de son plus tendre amour, leur aurait-il parlé d'une manière obscure et figurée ?

3° En considérant ces figures par rapport à l'avenir : Notre Sauveur, dont la charité est infinie, prévoyant le sens que son Eglise donnerait à ses paroles, aurait dit en instituant l'Eucharistie : ceci est la figure de mon corps, s'il avait voulu qu'on l'entendît de cette manière.

En jetant les yeux sur le chapitre de la première Epître de saint Paul aux Corinthiens, on trouve que l'Apôtre y enseigne clairement que par l'Eucharistie on communie véritablement au corps et au sang du Seigneur : *Le pain que nous rompons*, dit-il, *n'est-il pas la communion au corps du Seigneur ? Le calice de bénédiction que nous bénissons n'est-il pas la communion au sang du Seigneur ?* (1) Cette parole ne se peut entendre que d'une manducation réelle, car saint Paul compare en cet endroit l'Eucharistie avec les repas sacrés, dans lesquels les Juifs mangeaient réellement la victime qui avait été immolée. L'endroit où il assure *qui celui qui communie indignement, mange et boit sa propre condamnation, ne discernant pas le corps du Seigneur*, produisit infiniment d'impression sur l'esprit de Mme Chardon (2).

(1) Saint Paul, 1er épître aux Corinthiens, ch. x, 16.
(2) 1er épître aux Corinthiens xi, 27.

Cependant, elle veut encore affermir sa foi.

Est-il vrai, demande-t-elle, que les hébreux avaient un mot répondant à celui « qui signifie un signe » ? N'y a-t-il pas de confusion possible sur les paroles divines ?

Et son confesseur lui répond que ce mot existait chez les Hébreux, et qu'il était même fréquent dans l'Ecriture, que les signes fussent nommés *signes* des choses qu'ils représentent. Ainsi l'arc-en-ciel est appelé *le signe de l'alliance* et de même, la circoncision. Enfin, Moïse donne le signe au sabbat et au sang de l'Agneau (1). En raison du fréquent emploi de ce mot, Notre Seigneur n'aurait pas négligé de l'employer. Or, il ne dit nulle part que l'Eucharistie serait le *signe* de son corps, car il voulait que les chrétiens la regardent comme contenant proprement son divin corps.

Mais elle s'inquiète encore de quelques manières de parler figurées, comme celle-ci, qui se rencontrent dans l'institution de l'Eucharistie ; *le calice est la nouvelle alliance en mon sang* (2).

Elle conçoit, après réflexions, que cette figure est aussi claire que les expressions les plus littérales. En disant « le calice » Notre-Seigneur s'est conformé à l'habituel usage des hommes de dire : Cette coupe, ce verre, pour exprimer ce qui y est contenu. La figure était là si claire, qu'il n'y avait pas de confusion possible et ne pouvait pas se présenter comme dans le premier cas.

Elle passe ensuite à la fameuse objection des prétendus réformés concernant la parole divine : *Faites ceci en mémoire de moi.*

« Si le corps de Notre-Seigneur était dans l'Eu-

(1) *Genèse*, ix, 12, 13.
(2) Luc, 22-20.

charistie, disent les protestants, il ne l'aurait pas proposée comme un mémorial. Mais il me parut, ajoute Mme Chardon, que les apôtres n'avaient point du tout cru que ces paroles dussent servir d'explication à celles qui les avaient précédées, puisque saint Matthieu et saint Marc ne les rapportent même pas. Il est clair qu'elles désignent seulement l'Esprit avec lequel on doit recevoir le corps du Seigneur. Il est vrai, qu'il serait ridicule d'exhorter un homme qui a de bons yeux à se souvenir d'une chose visible qui serait présente, parce que cet objet frappant ses yeux, l'idée s'en forme nécessairement dans son esprit. Mais quand une chose présente ne l'est pas d'une manière sensible, on peut fort raisonnablement exhorter les hommes à y penser, et à s'en souvenir, parce que, cette présence ne frappant pas nos sens, elle ne forme pas toujours l'idée de l'objet dans nos esprits.

Tous les jours, nous nous exhortons, les uns les autres, à nous souvenir des anges de Dieu, de notre âme. Jusqu'ici, personne ne s'est encore offensé de ces manières de parler ; au contraire, c'est parce que ces choses sont présentes, qu'on s'exhorte davantage à s'en souvenir.

Pour débarrasser encore davantage mon esprit et pour lui faire comprendre la faiblesse des raisons auxquelles je ne croyais pas jadis qu'il y eût de réponse, parce que je ne les avais jamais exposées à d'habiles gens, et que je n'avais guère lu que les livres de mon parti, on me montra dans la Sainte Ecriture des choses qui étaient des images et des mémoriaux de choses présentes : Par exemple, les langues de feu qui descendirent sur les Apôtres, signes du saint Esprit *présent*. Il me parut donc que l'Eucharistie pouvait être de même un signe et un mémo-

rial de Jésus-Christ *présent*. Examinant bien la chose,
je trouvai que saint Paul explique la commémoration recommandée par Notre-Seigneur de la commémoration de sa mort. *Quand vous mangerez de ce
pain*, dit l'Apôtre, *et que vous boirez de ce calice,
vous annoncerez la mort du Seigneur.* La mort du
Seigneur n'est pas présente dans l'Eucharistie. Elle y
est seulement représentée. Le corps de Jésus-Christ
dans l'Eucharistie est un mémorial de ce même
corps, immolé sur la Croix, comme la manne con-
servée dans l'Arche était un mémorial de cette même
manne qui était descendue dans le désert. Toutes les
victimes que les Israélites mangaient dans leurs repas
sacrés étaient des mémoriaux de cette même victime
immolée sur l'autel.

Dans ces paroles même : *Faites ceci en mémoire
de moi*, je trouvai la vérité de ce qu'on voulait me
prouver par ces exemples. Jésus-Christ, quoique présent visiblement, exhorte ses Apôtres à communier
en se souvenant de lui.

Mme Chardon s'étonne ensuite de l'horreur des
Protestants pour l'adoration à l'autel. Elle commence
à y voir justement une suite naturelle de la présence
du Christ sous les symboles, et ne conçoit pas comment se scandalisent les Réformés qui, tous les jours,
lisent dans la Sainte Ecriture les marques extraordinaires d'honneur et de respect qu'on rendait, chez les
Juifs, à l'Arche, symbole de la présence de Dieu,
bien moins auguste que l'Eucharistie.

Au reste, Zwingle lui-même en parle en ces
termes : « Si Jésus-Christ est dans la Cène, dit-il,
pourquoi y aurait-il péché à l'adorer ? Dieu est ado-
rable partout ».

Bèze est du même sentiment quand il s'écrie :
« Si je croyais que Jésus-Christ fût réellement dans

le pain, je croirais son adoration, non seulement tolérable, mais encore nécessaire ». Fortifiée par toutes ces preuves, Mme Chardon « se sent toute portée à adorer Jésus-Christ, selon la foi catholique », mais elle a encore quelques doutes sur la présence réelle. Elle veut cependant consulter à cet égard l'avis des Pères de l'Eglise et étudier les passages qui la frappent :

Saint Grégoire de Naziance, parlant de sa sœur sainte Gorgonie, dit, qu'étant malade, elle entra une nuit dans l'Eglise et pria celui qui est adoré sur l'Autel (1).

Saint Ambroise écrit aussi : « Nous adorons la chair de Jésus-Christ dans les mystères sacrés » (2).

Et saint Chrysostome : « Il faut adorer Jésus-Christ sur l'Autel entre les mains du Prêtre, puisque le Mages l'ont adoré entre les mains d'une femme » (3).

Tranquillisée sur ce point, Mme Chardon s'en tient à étudier les origines du Sacrifice de la Messe.

Elle trouve l'annonce d'un sacrifice public, offert partout et dont l'oblation ne venant pas de la main des hommes fut une victime pure — or, ce sont là les qualités du sacrifice de la messe — dans ces paroles de Malachie parlant au nom de Dieu : « Depuis le soleil levant jusqu'au soleil couchant, mon nom sera grand entre toutes les nations, et on offrira partout à mon nom une oblation pure. »

Elle rencontre enfin la parfaite image du sacrifice de la messe, dans l'ancien Testament sous forme de sacrifices d'Holocauste, eucharistique et impétratoire.

(1) *Orat. de obitu sanctæ Gorgoniæ.*
(2) Lib. *de Spiritu*, c. XII.
(3) Homel. XXVIII.

Le sacrifice euchâristique en particulier était la figure très expressive de celui de la messe. Là, le peuple réconcilié avec Dieu, auquel il avait offert un sacrifice de paix, mangeait de la victime qui lui était offerte et qu'on transportait sur l'Autel. De même, les chrétiens, après avoir apaisé Dieu par la victime qu'ils lui offrent, reçoivent cette sainte Victime dans le plus saint des repas.

Dans la Pâque, la victime était en même temps sacrifice et sacrement — Sacrifice, puisque l'Agneau était offert à Dieu sur son autel, sacrement parce que les Israélites mangeaient ensuite cet agneau qui avait été offert. Enfin c'était un mémorial rappelant la délivrance d'Egypte. Ces triples qualités se retrouvent dans la sainte Messe.

Mais un point troublait encore en la matière les esprits de Mme Chardon. Dans tous ces exemples, elle voyait la victime immolée et point d'effusion de sang dans le sacrifice de la messe. Or, les catholiques disent, avec saint Paul, que cette effusion est nécessaire. Elle fut grandement étonnée, en apprenant que ceux de la religion prétendue réformée l'avaient toujours sciemment circonvenue en lui faisant croire que l'effusion devait être nécessairement faite en même temps que le sacrifice.

Quand son Directeur lui eût appris que chez les Juifs, on immolait la Victime loin du Tubernacle, elle comprit que la question de temps et lieu n'importait pas. Elle comprit alors sans peine que c'est en vertu de l'effusion passée du sang de Notre Seigneur, que le sacrifice de nos Autels est une expiation pour le péché, de même que le baptême en est la rémission.

Après cet examen, elle rencontre de nouvelles preuves en faveur de la messe dans les paroles du

Christ à la Samaritaine, lui annonçant que l'adoration que les Juifs ne voulaient rendre qu'à Jérusalem serait rendue partout. Elle en rencontra dans saint Irénée et saint Chrysostome ; dans saint Augustin, qui parle dans ses Confessions du « sacrifice de la Rédemption qu'on offrit pour sa mère ». « Et plus j'avançais dans cet examen, dit-elle, plus la nouveauté de nos manières de parler à nous, protestants, me faisait peur. Je ne comprenais pas pourquoi nous rejetions avec tant d'aigreur une doctrine puisée dans l'Ecriture, confirmée par tant de siècles, expliquée d'une manière si claire dans le Concile de Trente. Mon esprit se convainquait peu à peu, mes préventions s'effaçaient à mesure que j'avançais, mon cœur était content, mais c'était plus en spéculation que dans la pratique. Je n'étais pas encore bien battue sur le retranchement de la coupe dans la communion : — « C'est ce qui m'obligea à examiner à fond les raisons des catholiques sur ce point ».

Sur ces mots, Mme Chardon examine tous les endroits de la sainte Ecriture où il est parlé de la communion. Elle y trouve beaucoup plus de communions sous une seule espèce que sous deux espèces. Jésus-Christ, dans le sixième chapitre de saint Jean, parle aussi souvent de manger sa chair, le pain descendu du ciel, qu'il parle de boire et de manger. Dans la dernière Eucharistie que Notre-Seigneur célébra avec ses disciples allant en Emaüs, on nous parle d'une seule espèce. Saint Luc ne parle que d'une espèce. Mme Chardon en conclût justement que la grâce se communique tout entière sous chacune des espèces.

L'Eucharistie, enfin, a été instituée pour être un mémorial de la mort de Jésus-Christ, et rien n'empêche les Fidèles qui reçoivent une seule espèce, de s'appliquer vivement à cette commémoration. Sous l'ancienne Loi, les Fidèles mangeaient seulement le corps de l'Agneau qui avait été immolé pour eux ; par cette manducation, ils s'appliquaient toute la vertu du sacrifice. Pourquoi les chrétiens ne participeraient-ils pas aussi au sacrifice de l'Agneau, en recevant seulement une espèce ?

« Ceux qui admettent, dit le protestant Alix (1), « le Peuple à la participation du pain rompu, et qui lui refusent la participation au calice, lui font bien faire la commémoration de la mort du Sauveur ; mais le calice est nécessaire pour rendre grâces. « Ce raisonnement ne parut point solide à Mme Chardon. Il lui parut qu'on pouvait faire avec le Pain seul ». Toutes ces réflexions commençaient à l'ébranler mais sans la convaincre entièrement. Elle revenait toujours aux paroles de l'Institution : *Buvez-en tous*. Musculus, qui n'est point suspect de favoriser les catholiques, s'écrie :

« Pourquoi : *buvez-en tous* ? Pourquoi, sinon parce que Notre-Seigneur ayant mis le pain en autant de parties qu'il y avait de communiants en la Cène qu'il célébra, et chacun ayant reçu sa part, il n'y avait pas de nécessité de dire : Mangez-en tous; mais on ne peut pas dire la même chose du calice, car Notre Seigneur n'en ayant consacré qu'un, où il n'y avait pas plus de vin qu'un seul homme en eût pu boire, s'il n'eût dit : « Buvez-en tous » peut-être que celui qui l'aurait reçu le premier, l'aurait bû tout entier. C'était afin que cela n'arrivât pas, que le Seigneur dit : Buvez-en tous ».

Mais à cela, le directeur de Mme Chardon lui fait comprendre que saint Marc restreint aux *seuls*

____

(1) Sermon sur la section 53.

apôtres ces paroles : « Buvez-en tous ». — Il lui enseigne, d'autre part, qu'il faut se rapporter au témoignage de l'église, qui supprime certains usages, ne les considérant point comme essentiels.

C'est ainsi qu'on a supprimé le baptême par immersion complète, encore que Jésus-Christ ait dit : « *Allez, instruisez toutes les nations, les plongeant dans l'eau.* »

Pourquoi ne pas rendre le même respect au témoignage de l'église au sujet de la coupe ? Il est vrai que la communion par le vin représente le sang de Jésus-Christ, mais le plongement du baptême avait aussi des significations se rapportant au but de ce sacrement, il nous représentait la mort et la résurrection du Seigneur, la mort du vieil homme et la résurrection du nouveau. Malgré ces significations, on s'en est rapporté à l'Eglise, qui a amené des modifications sur ce point.

En étudiant l'histoire religieuse, on rencontre un décret du pape Gélase, ordonnant que la communion soit faite sous les deux espèces, mais ce décret visait spécialement les Manichéens qui ne voulaient pas prendre de vin, le considérant comme une créature du Démon. Il ne s'appliquait point aux chrétiens.

En effet, on communiait du temps de Tertullien et de saint Cyprien sous une espèce ou sous une autre, indifféremment. Du Moulin dit qu'à cette époque, la coutume était parfois, d'emporter chez soi les saintes Espèces sous forme du pain.

Mme Chardon cite une foule d'exemples de ces communions sous une Espèce ou une autre, tirés de saint Basile, de saint Paulin, de saint Irénée, et de saint Cyrille. Elle rapporte les passages fameux concernant à cet égard Satyre, frère de saint Ambroise, et Sérapion, mais nous n'insisterons point sur les polémiques célèbres, tant de fois élevées et terminées à l'avantage des catholiques, car on en trouve le détail dans l'inoubliable traité de l'Eucharistie de Bossuet, auquel répond si faiblement l'Histoire Eucharistique de Mathieu de Larroque (1).

Elle termine en tirant des usages de la religion prétendue réformée des arguments contre elle-même.

Dans la « Discipline » protestante, il est dit en effet, qu'on permet à ceux qui ont une aversion naturelle pour le vin de communier sous la seule espèce du pain.

Les Luthériens disent dans leur confession de Foi « Nous ne nions pas que Jésus-Christ se soit donné tout entier *tant sous le pain* que sous le vin de l'Eucharistie ». Ils ne croient pas la coupe essentielle car Hospinien, ministre de Zurich, rapporte que Luther pensait qu'une seule espèce suffirait et n'avait ordonné la communion sous les deux espèces que parce que la signification paraissait plus entière sous les deux. Claude avoue que, dans certains cas, elle peut se présenter sous une espèce seule (Serm. sur la lett. 53), et le Parlement d'Angleterre, tenu sous Edouard VI, passa un acte pour recevoir la communion sous les deux espèces, au cas où la nécessité n'obligerait pas de communier sous une seule. « Convaincue par tant de choses, je sentis, dit-elle, mes préventions s'évanouir sur ce chapitre. Mes peines se tournèrent en désirs, et je ne songeai plus qu'à recevoir mon Sauveur de

____

(1) Mathieu de Larroque (1619-84) pasteur de l'Eglise de Rouen soutint une controverse avec Bossuet. On a de lui *Hist. de l'Eucharistie* Assist. 1669. *Réponse au livre de M. de Meaux sur la communion* 1683. *C. f.* aussi. *Le Mystère de l'Eucharistie*, par l'abbé Constant *Science et Religion* n° 11 et le *Dogme de l'Eucharistie* par le R. P Leroy.

la manière dont il voulait se *donner à moi*. Je communiai, et ce que je sentis en communiant me persuada plus vivement de sa présence dans le sacrement que n'avaient fait toutes mes lectures. Je ne puis m'empêcher en cet endroit d'élever mon cœur à Dieu, pour lui rendre des actions de grâces immortelles de la miséricorde dont il m'a prévenue et des consolations dont il *a rempli* mon âme. »

CHAPITRE VI

DE L'EMPLOI DE LA LANGUE LATINE DANS LA LITURGIE

Cependant, comme rien ne devait échapper à l'examen de la nouvelle convertie, elle passa à la considération de la langue latine s'étonnant fort, comme tous les protestants, qu'on n'employât pas dans le service la langue du peuple.

Mais, déjà, lui dit son directeur, il en était de même chez les Juifs. La langue hébraïque leur était inconnue depuis la captivité de Babylone et cependant les fidèles comme Joseph, Anne, Élisabeth, n'en étaient pas moins assidus au service, dont ils n'entendaient pas la langue. Les Juifs comprenaient si peu cette langue, qu'ils ne saisirent pas le sens du : *Eli, Eli, lammashbacthani.*

M. de Jurieux écrit à cet égard (1) « Les Doctes savent que l'hébreu du temps de saint Jean était le syriaque et le chaldéen ; c'est la langue que notre Seigneur a parlée, c'est celle qui est appelée langue hébraïque au chapitre 21 des actes, où il est dit que le peuple de Jérusalem fit un grand silence, pendant que saint Paul lui parla en langue hébraïque. Il

(1) *Livre de l'accomplissement des Prophéties*, T. II, ch. ix.

n'avait garde de lui parler dans l'hébreu de la
Bible, car ils ne l'entendaient plus. C'est cette langue
qui dans les Evangiles est si souvent appelée hébreu,
pendant que les mots qui nous sont rapportés, se
trouvent être chaldéens et syriaques, comme Cyol-
gotha, Talita Chumi. »

Ceci posé, Mme Chardon reconnaît d'elle-même
que Jésus-Christ n'a pas désapprouvé ce langage
tombé en désuétude. Pourquoi donc puisque c'est
un usage si ancien, blâmer qu'on emploie de nos
jours un langage oublié du peuple ?

« Je m'aperçus, dit-elle, qu'il n'était pas si hono-
rable que nous le pensions d'avoir notre service en
langue commune. Une société qui emploie dans son
service une langue moderne ne peut pas être une
société vieille de seize cents ans. Si on se faisait une
maxime de changer la langue liturgique à propor-
tion que change la langue vivante, deux ou trois
siècles ne se passeraient pas sans que cela causât
d'étranges mouvements parmi le peuple qui ne peut
souffrir qu'on lui ôte l'usage des choses qu'il sait
par cœur. Ces changements auraient même causé de
la division entre les gens de la religion qui, à cause
de la différence de leurs idées, auraient eu de la peine
à convenir sur le temps et sur la manière de ces
changements.

CHAPITRE VII

DE L'HONNEUR RENDU AUX SAINTS. — DES IMAGES
ET DES RELIQUES

« J'étais encore fort prévenue contre les prières
adressées aux Anges et aux Saints, mais on me montra
à l'égard des Anges ; 1° que David les priait souvent

de louer Dieu pour lui ; 2° qu'on ne pouvait douter qu'ils entendent les prières qu'on leur adresse, puisque l'Ecriture nous assure qu'ils sont campés autour de ceux qui craignent Dieu et que leur office est de garder les Fidèles dans toutes leurs voies. La même écriture nous représente encore Jacob invoquant au moment de sa mort le secours des Anges sur les enfants de Joseph : *L'ange qui m'a gardé de tout mal*, dit-il, *bénissez ces enfants* (1). »

Il me parut que, puisque les Anges campent autour de nous, comme l'Ecriture nous en assure, rien ne peut nous empêcher de leur demander le secours de leurs prières, de la même manière que nous demandons celui des prières de nos frères qui sont sur la terre.

Cependant saint Paul me paraissait condamner le culte des Anges et cela m'embarrassait bien, quand j'appris que l'apôtre avait seulement en vue d'anciens hérétiques dont la religion était composée de judaïsme et de paganisme et qui enseignaient que Dieu était trop souveraine majorité pour que les hommes puissent lui adresser leurs prières sans l'intermédiaire des Anges. C'est à cette secte, qui faisait mille récits fabuleux touchant les Anges, que Saint Paul s'adresse. »

Mme Chardon s'attache ensuite à ce qui regardait les Saints. Le silence de l'Ancien Testament à cet égard l'inquiétait, mais on lui fit comprendre que les Fidèles d'alors n'étaient pas admis à la vision céleste et ne pouvaient pas connaître les prières qui leur étaient adressées.

Mais Pierre (2) dit en effet que : *Jésus-Christ est allé prêcher par son esprit aux âmes qui étaient*

(1) *Aporolypse*, I, iv.
(2) *Héb.*, 9. 8.

encore dans les prisons. C'est pour cela qu'il est dit dans le Symbole des apôtres, que Jésus-Christ *est descendu aux enfers*.

« Enfin les Saints ayant eu, pour un grand nombre, connaissance des choses célestes quand ils étaient sur la terre, pensent avoir dans la gloire du ciel connaissance des choses de la terre, ajoute Mme Chardon. Et le passage dans lequel l'Ecriture nous représente l'Eglise triomphante dans la joie, me fit, ajouta-t-elle, beaucoup d'impression. Il me parut que pour se réjouir d'une chose il faut la connaître. » On lui rapporta cet autre endroit, dans lequel il est dit que les Saints qui ont vaincu et obtenu la couronne, gouverneront les nations, et cet autre passage dans lequel Notre Seigneur promit à celui qui aura vaincu, la puissance sur les nations... (1) « Il me semblait difficile, écrit-elle, de gouverner les peuples si on ne savait ce qui ce passe parmi eux ; cependant le passage de l'*Ecclésiaste* dans lequel le Sage dit que les *morts ne savent rien* et *qu'ils n'ont aucune part à ce qui se passe sous le soleil*, (2) ne me paraissait pas moins fort. Que je fus honteuse quand on me fit apercevoir que ces paroles, citées par les Protestants, étaient celles du Démon, que l'Ecriture ne rapporte que pour les faire détester ! Ce sont, en effet, les paroles du Sage qui conclut par cette parole épicurienne marquée du sceau du Démon : *Allez donc pendant que vous êtes au monde, mangez votre pain avec joie, buvez votre vin avec allégresse... jouissez de la vie avec la femme que vous aimez...* (3). Quelle mauvaise foi de combattre la doc-

(1) *A Poc.*, 2, 26-27.
(2) *Ecclesiaste.* ix. 5 et 6, etc.
(3) *Ibidem.*

trine de l'Eglise par des passages que l'Ecriture ne rapporte que pour les faire abhorrer !

Enfin, les Conciles généraux dont les Protestants reçoivent des décisions dans leurs confessions de foi, ont prié les Saints.

Dans celui d'Ephèse (troisième général), saint-Cyrille d'Alexandrie adresse une prière à saint Jean l'Evangéliste. Dans celui de Chalcédoine, il est parlé de Flavien qui vit après sa mort et prie pour les vivants. Saint Chrysostome dit qu'un homme mort est l'avocat d'un vivant.

« Et comme ceux qui étaient puisés chez les Protestants mêmes me causaient plus d'impression, on me dit que les Professeurs de l'Académie réunis à Sedan, avouaient dans leurs thèses que les Saints priaient pour nous. Gérard, Æcolopamder et Bucer sont formellement du même avis. Dans les *Centures* de Magdebourg il est dit que : « On peut voir dans les écrits des docteurs des vertiges clairs de l'invocation des Saints dont Origènes donne la formule par ces mots : *Oh ! bienheureux Job priez pour nous !* Dès lors, je ne trouvai plus de difficulté à demander aux Saints de prier pour moi, et je le fis aussi aisément que je demandais à mes frères le secours de leurs prières.

Mais un point la « tourmentait » encore beaucoup : La coutume de mettre des Images dans les lieux de prières.

On lui fit connaître, pour répondre à ses objections, que l'Ecriture n'était pas contraire à cette pratique puisqu'on s'en servait sous l'ancienne loi comme de mémoriaux et d'ornements.

Dieu avait ordonné à Moïse de mettre sur l'Arche les Tabernacles des chérubins (1).

(1) *Exode.* 25 xx, 5, 18-19.

— Il est vrai, répondit Mme Chardon ; mais il me semble que la défense que Dieu a gravée dans la loi est plus forte que toutes ces coutumes !

— Vous entendez mal ces choses, lui répliquait son directeur. Le passage du *Deutéronome*, dans lequel Moïse défend les images pour la raison qu'il est impossible de représenter Dieu (1), vise l'adoration de ces images elles-mêmes (2). Dans le Décalogue même, on découvre aisément que le législateur a eu cette vue :

Vous n'aurez point d'autre Dieu devant ma face, dit-il, *vous ne ferez point d'images.*

Il est aisé de voir qu'il s'agit ici d'images regardées comme de vraies idoles opposées à Dieu lui-même.

« Vous *ne ferez* point, dit Dieu, *d'images de choses qui sont aux cieux, ni de celles qui sont sur la terre, ni de celles qui sont dans les eaux sous la terre* (3). Mais cette parole s'applique manifestement aux images du soleil et des étoiles adorées par les Chananéens, à celles du bœuf adorées par les Egyptiens, et à celles des poissons adorées par les Philistins. Dieu voulait mettre en garde contre l'idolâtrie les Juifs aisément influençables. La chose n'est point douteuse, quand on réfléchit sur le sens de ces paroles : Vous n'adorerez les images ni ne les *servirez* point.

« On me montra de plus, ajoute Mme Chardon, que

(1) *Deuteronome*, iv, 16,

(2) La répugnance de plusieurs sectes protestantes contre les Images est encore fort enracinée de nos jours et leur ignorance sur ce point soigneusement entretenue par certains ministres de la religion est extrême. Nous avons entendu fréquemment, en pays protestant, des gens éminents par leur savoir et leur situation sociale s'étonner de bonne foi que nous *adorions* nos scapulaires et nos médailles.

(3 *Deutéronome*, iv, 17-18.

ce qu'on fait aujourd'hui ressemble beaucoup à ce qu'on faisait jadis et qui était permis : Les Israélites se prosternaient devant l'Arche. Comme j'insistais sur ce que le serpent fut brisé parce qu'on lui faisait des encensements et que cependant on encensait aujourd'hui les images, on me répondit que la différence était grande entre ces deux manières d'encenser. Les encensements étaient un accompagnement des sacrifices dans l'Ancien Testament. Là où on ne parle que d'encensement, la partie est prise pour le tout. Ainsi il est certain que les Israéïtes sacrifiaient à ce serpent. Plusieurs superstitieux s'étaient imaginé, à cause de sa vertu miraculeuse, que Dieu avait attaché là sa présence. C'est ce qui obligea Ezéchias à le briser. L'encens n'était point inséparablement attaché, sous le nouveau Testament, au sacrifice, il n'est plus une marque certaine d'adoration. Les Catholiques encensent le Livre de l'Evangile, l'autel, les pierres de l'Eglise, les prêtres, les seigneurs des lieux et même les corps morts des personnes de distinction dans l'Eglise, sans que personne les accuse d'adorer toutes ces choses. Pourquoi donc les accuse-t-on d'adorer les images, qu'ils ne conservent que pour servir d'ornement et de mémoriaux, et qu'ils seraient tous prêts de briser, si quelque superstitieux en voulait faire un mauvais usage ? Je voulus ensuite savoir si la coutume d'avoir des images était ancienne. On me montra un endroit de l'histoire ecclésiastique rapportée par les centuriateurs de Magdebourg, dans lequel Eusèbe rapporte qu'il a vu en Asie quelques chrétiens qui conservaient les images des Apôtres saint Pierre et saint Paul et de Jésus-Christ lui-même.

Tertullien rapporte que les chrétiens avaient chez eux l'image de la Croix. Lampridius écrit qu'Alexandre

Sévère avait dans son oratoire les images du Christ
et d'Abraham. Sosomènes et Prudence font voir aussi
que c'était la coutume de placer dans les Temples
les images représentant les souffrances des Mar-
tyres.

On fit, ensuite, remarquer à Mme Chardon que toutes
ces choses étaient rapportées par des auteurs protestants. Daillé (1), lui-même, avoue que, dès le
II° siècle, on peignait Jésus-Christ sur les calices.
En parlant d'une statue qu'Eusèbe atteste avoir vue,
il dit qu'il n'est pas permis d'en douter. Il ajoute
qu'en certaines provinces, l'usage était déjà, non
seulement de peindre les histoires des Saintes Ecritures
dans les maisons des Particuliers, mais d'exposer
dans les Eglises les images et les tableaux des martyrs
et les combats qu'ils avaient soutenus pour la Foi.
Daillé convient encore que, dans le culte des Luthériens, il n'y a ni superstition, ni idôlatrie. Luther, à
la tête de tous les ouvrages, est représenté à genoux
devant son crucifix. Il semble donc que les Protestants n'aient retranché toutes ces choses que pour
s'éloigner des catholiques.

CHAPITRE VIII

DE L'OBSERVANCE DES FÊTES. — DES RELIQUES.

Son confesseur l'instruit ensuite au sujet des Fêtes.
On lui fait remarquer que Notre-Seigneur avait auto-
risé, lui-même, par sa présence, la fête que l'Eglise
ancienne avait instituée pour bénir Dieu, de la Dédicace du Temple.

Les Juifs avaient trois grandes fêtes. Comme
Mme Chardon insistait sur l'endroit du Décalogue dans

____

(1) Des images, liv. III, ch. I, p. 247.

lequel il est dit : « *Tu travailleras six jours*, on lui montra que le commandement n'était pas dans ces paroles, mais dans les suivantes : *Tu te reposeras le septième jour.*

La loi donnée à Adam était conçue en termes semblables.

Vous mangerez de tous les arbres du jardin, mais vous, vous abstiendrez de l'arbre de science du bien et du mal. On voit aisément qu'il n'était pas obligé par là de manger du fruit de tous ces arbres, il en avait seulement la permission.

Si ces paroles: *Vous travaillerez six jours*, eussent été un commandement absolu, Dieu, qui ne dispense point, au moins pour l'ordinaire de la Loi morale, n'aurait pas établi diverses solennités dans ces six jours, comme la Fête des Propitiations, les trois grandes fêtes de Pâques, de la Pentecôte et des Tabernacles. L'Eglise d'Israël avait consacré certains jours de la semaine, pour y substituer au travail un emploi sacré. C'est ce qu'elle fit pour célébrer la délivrance obtenue par Esther et la dédicace du Temple.

Toutes ces raisons ne suffisaient pas à convaincre la nouvelle convertie, laissant subsister dans son esprit « toute la force que les paroles de saint Paul lui paraissaient avoir contre la pratique des catholiques ».

Pour détruire les fausses idées qu'elle avait sucées avec le lait sur ce passage de l'Apôtre, on lui montra d'une manière claire, qu'il ne s'agissait là que des Fêtes judaïques, pour l'inobservance desquelles les Juifs condamnaient les premiers chrétiens.

En effet, saint Paul parle expressément des nouvelles lunes qu'observaient les Juifs (1).

____

(1) Col. 2-16.

Dans les versets suivants, il nous apprend que ces choses n'étaient que l'ombre de celles qui étaient à venir et que Jésus-Christ en était la réalité.

Il avait dit, auparavant, de l'ancienne Loi, en général, que le Seigneur en a effacé l'obligation sur la Croix.

C'est donc mal raisonner de conclure qu'il ne faut pas observer les fêtes chrétiennes représentant Notre-Seigneur comme venu sur la terre, sous prétexte qu'il ne faut plus observer les fêtes qui le représentaient comme devant venir.

Mme Chardon n'eut pas besoin de grandes instructions sur les reliques.

Les os de Joseph que les Israélites transportèrent dans la terre de Chanaan, le soldat mort ressuscité pour avoir touché les os d'Elisée, les malades guéris par l'attouchement des mouchoirs que les Apôtres avaient porté, l'avaient disposée à avoir de la vénération pour les Reliques.

Elle n'eut pas de peine à regarder avec respect des ossements dont Dieu se sert pour animer la piété des fidèles, surtout quand on lui eut fait lire dans Eusèbe la lettre des Saints de Smyrne, montrant que, dès le ii° siècle, l'Eglise honorait les reliques des Saints.

Les calvinistes Daillé et Rivet avouent que, dès le iie siècle, on portait du respect aux vraies reliques. Les centuriateurs de Magdebourg, disent que la translation et la vénération des reliques des Saints ont commencé dans le ii° siècle. M. Daillé dit encore (Traité contre le Père Adam) qu'à la fin du iv° siècle, saint Ambroise commença à honorer les reliques. Blondel rapporte un passage de saint Jérome, où il dit que tous les Evêques ont transporté les reliques de Samuel apportées de la Palestine à Jérusalem dans

un vase d'or et dans de la soie, avec une grande
affluence de peuple.

Le même auteur ajoute qu'au temps des persécu-
tions les plus rigoureuses, les Fidèles s'assemblaient
pour le service de Dieu avant le jour, et cherchaient
leur sûreté dans le silence de la nuit et le secret des
cimetières et des catacombes, de telle sorte qu'ils
puissent être en vue des tombeaux.

Blondel, qui n'est certes pas suspect, rapporte
qu'ils considéraient ces tombeaux « comme autant
de trophées de leurs frères, voyant la table mystique
placée à dessein sur l'endroit où leurs corps repo-
saient, comme pour leur faire une application litté-
rale des paroles de saint Jean :

*Il vit sous cet autel les âmes de ceux qui
avaient souffert la mort pour la parole de Dieu.* » (1)

CHAPITRE IX

ORIGINE DES INDULGENCES ET DES DIVERSES CÉRÉ-
MONIES

Mᵐᵉ Chardon et son directeur en vinrent ensuite à
la grande question des Indulgences. La nouvelle convertie témoignait sur ce point, comme la plupart des
Protestants, d'une grande ignorance.

« D'abord, écrit-elle, je demandai ce que c'était.
On me dit, à mon grand étonnement, que, comme
les ministres de l'église peuvent imposer des peines
aux pêcheurs, on croit aussi qu'ils peuvent dispenser
de ces peines, ce que l'on appelle *indulgence.*

Saint Paul se servit de ce pouvoir lorsqu'il eut
appris le repentir de l'incestueux de Corinthe. Il lui

(1) Apocalypse VI. 9.

pardonna et le déchargea de la peine qu'il lui avait imposée.

Je me souviens d'avoir vu dans l'Histoire ecclésiastique, plusieurs exemples de pénitence dont on avait abrégé le temps.

Dans le concile de Nicée, on trouve trois exemples de l'indulgence dont usait l'Eglise. Le premier, à l'égard des hérétiques qui reconnaissaient leurs égarements, le deuxième à l'égard des pêcheurs mis en pénitence par l'église, qu'on réconciliait quelque fois avant la mort et le troisième est le pouvoir que le Concile donne aux Evêques d'abréger le temps de la pénitence, lorsqu'on ne peut douter que la conversion ne soit sincère.

Les indulgences ne me parurent plus si horribles que nos ministres veulent le croire, lorsque j'eus compris qu'elles remettaient une partie de la peine due au péché en suppléant aux peines canoniques jadis imposées.

Après avoir ainsi parcouru tous les points de la religion sur lesquels mon esprit était autrefois prévenu, je demandai quelques instructions sur les cérémonies auxquelles j'avais tant de peine à m'accoutumer.

Je savais bien que Dieu en avait établi autrefois plusieurs parmi son peuple, sous l'ancien Testament, mais il me paraissait que les cérémonies qui n'étaient destinées qu'à figurer les choses devant arriver sous la nouvelle Loi, ne devaient plus subsister depuis que ces vérités avaient eu leur accomplissement.

— Vous avez raison à l'égard de la plus grande partie, lui répondit son confesseur, mais néanmoins Notre-Seigneur, qui nous instruisait par toutes ses actions, a souvent accompagné ses paroles de certaines cérémonies. C'est ainsi, qu'il se prosterna lorsqu'il priait dans le Jardin des Olives, qu'il employa sa salive avec de la boue dans la guérison de l'aveugle-né, qu'il imposa ses mains sur ceux auxquels il voulait accorder des grâces miraculeuses.

Les Apôtres oignaient les malades qu'ils voulaient guérir. Jésus-Christ leur lava les pieds, il souffla sur eux en leur conférant le Saint Esprit, il lava les mains pour les bénir lors de son ascension. Saint Paul s'étendit sur un jeune homme avant de le ressusciter. L'imposition des mains était une cérémonie ordinaire aux Apôtres à l'égard de ceux sur lesquels ils voulaient faire quelque miracle. Ils exhortaient les chré·tiens à lever les mains au ciel dans leurs prières.

Toutes les cérémonies n'avaient pas cessé avec la Loi, parce qu'elles n'étaient pas toutes destinées à représenter seulement les mystères de l'Evangile. Plusieurs servaient à imposer un profond respect pour la majesté de Dieu, à attirer l'attention du peuple sur les mystères de la religion, à réveiller dans l'âme le souvenir des choses saintes qu'elles représentaient, à rappeler dans l'esprit des Israélites les occasions où s'étaient trouvés leurs pères.

Ainsi, quand ils mangeaient à la hâte, les souliers aux pieds et le bâton à la main, cette cérémonie servait à leur faire connaître qu'ils descendaient des Israélites obligés de manger en hâte avant de quitter l'Egypte.

De même, la coutume de ne faire au jour du sabbat qu'un certain nombre de pas leur rappelait la distance égale entre les tentes de leurs ancêtres campant dans le désert et le Tabernacle prochain.

Sous ce rapport les cérémonies étaient donc d'une grande utilité.

Au reste, elles ne tardèrent pas à frapper vivement le cœur et l'esprit de Mme Chardon :

« Il est difficile, écrit-elle, de ne pas avoir au cours de leur célébration, l'esprit rempli d'anéantissement et de respect. On ne peut pas se trouver dans la maison de Dieu et voir le culte qui lui est rendu sans entrer dans un tremblement religieux, convenable à la gloire du Roi des Rois, en présence duquel les Rois eux-mêmes ne sont qu'un peu néant. »

On lui fit convenir que les cérémonies étaient tout à fait propres à soutenir l'attention des fidèles pendant le service. « Par cette attention, s'écrie-t-elle, on rend à Dieu dans sa maison une adoration non interrompue, autant que la faiblesse humaine le peut permettre. D'où l'on me fit conclure qu'il était très utile pour plusieurs d'étudier l'esprit de chaque cérémonie, afin de s'en servir ensuite pour penser aux choses qu'elles représentent. « La magnificence des cérémonies frappe l'imagination des peuples, et leur inspire un esprit de respect pour les lieux où on les célèbre et d'adoration pour le Dieu qu'on y sert. C'est par ces choses sensibles et matérielles que la plupart des gens s'élèvent au spirituel. Ceux qui ont assez de force et d'élévation d'esprit et de cœur pour se passer de ces secours doivent les souffrir par condescendance et par charité pour les faibles.

Après y avoir bien pensé, j'avouai sans peine qu'un peu de cérémonies dans le service public n'était pas inutile, mais je trouvais qu'il en était trop chargé. Comme je n'avais jamais vu toutes les cérémonies de l'église catholique, j'en fus tout d'un coup épouvantée et il n'y en eut pas une dont je ne voulusse savoir l'explication.

On me dit d'abord que la plus grande partie des choses dont je voyais le service rempli, étaient autrefois des choses nécessaires. Et comme je demandais pourquoi on ne les avait pas retranchées dès que la nécessité avait cessé, on me fit comprendre que le peuple accoutumé à toutes ces choses, ne l'aurait pas souffert et que même les Ecclésiastiques, dont le génie et les passions sont différentes, auraient eu de la peine à se déterminer sur le choix de celles qu'ils auraient voulu supprimer.

On me fit remarquer l'antiquité dans les cérémonies du temps de Pâques. L'office du samedi saint n'a pas été fait pour le temps auquel ; il se dit. On n'y parle que de nuit. On y allume solennellement du feu. Il est aisé de voir qu'il a été fait pour ces premiers temps auxquels les Chrétiens passaient la nuit du samedi de Pâques dans l'Eglise. Le cierge béni qui nous est demeuré est plus gros, parce que le service étant plus long, on demeurait presque toute la nuit dans l'Eglise.

La bénédiction solennelle des fonts à Pâques et à la Pentecôte, le rideau qu'on tire à Notre-Dame pendant le carême, le baiser ou la paix qui précède la communion, les enfants de chœur qui sortent avant la bénédiction, sont autant de monuments prouvant que l'Eglise catholique n'est pas une Eglise nouvelle, mais celle qui était dès ces temps éloignés, où on ne baptisait solennellement qu'à Pâques et à la Pentecôte, où on ne découvrait l'autel que quand les catéchumènes étaient sortis ; où les fidèles se donnaient un saint baiser avant la communion et où on ne donnait point la bénédiction à la fin de cette partie du service, parce qu'elle était suivie d'ordinaire d'une instruction, après laquelle on donnait la bénédiction.

Mme Chardon demande ensuite d'où peut venir l'usage de mettre de l'eau bénite à la porte de l'Eglise, usage qui « lui répugne encore ».

On lui répond que l'usage était aux premiers

temps du Christianisme d'avoir des fontaines devant les portes de l'Eglise. Ces fontaines étaient destinées au baptême des catéchumènes.

Les premiers chrétiens, avant d'entrer dans l'Eglise, avaient coutume de se laver les mains et le visage dans cette eau qui leur rappelait le baptême dont ils avaient souillé la pureté. C'était aussi un symbole par lequel l'église les avertissait dès la porte que le lieu dans lequel ils allaient entrer était un lieu saint. Elle les faisait penser à la pureté d'esprit et de cœur avec laquelle il faut être dans l'Eglise. Elle les portait à demander à Dieu le pardon des péchés et la grâce nécessaire pour les purifier, et les mettre en état de présenter à Dieu des adorations qui lui fussent agréables.

L'Eglise étant devenue nombreuse, il aurait été difficile de trouver des fontaines dans tous les lieux où on bâtissait des temples. C'est ce qui obligea de mettre de grandes cuves pleines d'eau à l'entrée des Eglises dans lesquelles on baptisait.

La coutume de baptiser par immersion ayant changé, on s'est contenté de laisser à l'entrée des Eglises les vases qu'on y voit aujourd'hui, et à la vue desquels on peut penser les mêmes choses que pensaient autrefois les fidèles qui se lavaient le visage et les mains dans les fontaines.

De l'eau bénite on en vint à traiter les questions des processions. On fit observer à Mme Chardon, que celles qui se font de nos jours marquent que l'Eglise catholique est la même, que lors de celles qui, aux siècles anciens, allaient de leur Eglise principale dans les lieux sacrés où étaient enterrés les martyrs, afin de s'exciter vivement à l'adoration de Dieu par la présence des corps sacrés.

Ces corps étaient placés sous l'autel et cachés d'un

rideau qu'on tirait lorsque les catéchumènes étaient sortis et qu'on allait célébrer les Mystères.

Elle ignorait, comme la majorité des protestants, que cette coutume de mettre la table sur les os des martyrs avait engendré l'usage actuel d'avoir sous la pierre de l'Autel quelque relique de martyr (1).

On lui ajouta que cette cérémonie des processions était d'autant plus respectable, que la sainte Ecriture apprend, par exemple du roi prophète, comment on doit la pratiquer : « je marchais dans la troupe, dit-il, et je m'en allais dans leur compagnie avec une joie de triomphe et de louanges, jusque dans la maison de Dieu ».

« Pourquoi donc, s'écrie-t-elle alors, se séparer entre Catholiques et Protestants pour de si petites choses ! N'est-il pas plus raisonnable de respecter l'Antiquité dans ces sortes de cérémonies en y assistant de tout cœur !

Tout est licite, comme dit l'Apôtre, *pour ceux qui sont bien disposés*. Il est glorieux à notre maître qu'on fasse partout retentir ses louanges, dans les Eglises et hors des Eglises !

On lui fit encore remarquer, sur sa demande, que les cathédrales sont encore aujourd'hui différentes des paroisses, parce que ces dernières se sont accommodées au goût et aux besoins des peuples ; que les offices annuels, surtout celui de Pâques, ont conservé bien plus de vestiges de l'antiquité parce que, comme ils se représentent moins souvent que les offices communs, ils sont plus solennels, on y a moins « cherché la commodité ». Les offices, lui dit-on, ap-

(1) En l'an 274 le Pape Saint Félix rendit obligatoire l'usage de célébrer les saints mystères sur les reliques des martyrs. Plus tard les reliques des confesseurs furent regardées comme suffisantes.

prochent encore plus des anciens usages dans le rite des évêques, que dans celui des Prêtres particuliers. Par la même raison, l'Evêque de Rome, faisant toutes choses plus solennellement que les autres, a retenu divers usages qui lui étaient autrefois communs avec tous les évêques ; comme le titre de *Sainteté*, le baisement de ses pieds, enfin la coutume de porter la sainte Eucharistie dans ses voyages.

Cependant Mme Chardon ne pouvait concevoir l'origine et l'utilité des diverses cérémonies de la sainte messe.

Eclairée sur ces questions, elle consigna ses pensées sous une forme à laquelle nous ne voulons rien retrancher. Nous avons tenu à conserver *in-extenso* les réflexions par lesquelles elle termine, comme elle le dit elle-même, « son laborieux et pénible examen ».

CHAPITRE X

DES CÉRÉMONIES DE LA MESSE

Je n'avais garde d'omettre les cérémonies de la messe, elles me paraissaient trop extraordinaires. Plus elle me choquaient, plus je désirais qu'on m'en donnât une ample explication. On me dit d'abord que le mot de Messe, qui me faisait autrefois si grande peur, ne signifiait autre chose que congé ou renvoi. On a donné ce nom à cette principale partie du service, parce que, lorsqu'on en était à l'oblation, on renvoyait les catéchumènes, les Pénitents et les Possédés et qu'à la fin ou renvoyait tout le monde.

Nous passâmes à l'Introït. On me dit que cet endroit de la messe était autrefois rempli d'un Psaume qu'on disait tout entier, avant lequel on récitait les premiers mots de l'Antienne pour donner le ton. L'antienne est d'ordinaire un verset du Psaume qui en est le plus remarquable, ou qui revient mieux à la fête. On a conservé aujourd'hui ces Antiennes toutes entières avec un petit endroit du Psaume, c'est ce qui compose l'Introït.

Je demandai ensuite pourquoi les prêtres levaient si souvent les bras. On me dit que toutes les fois qu'ils n'agissaient point avec leurs mains, ils étaient autrefois obligés de tenir les bras levés, pour empêcher la chasuble de tomber s⋯ leur bras, parce qu'elle était faite de manière qu'elle les couvrait tout autour jusqu'au bas. Ils la retroussaient en divers plis sur les bras, pour mettre les mains en état d'agir. Dans la Sainte Chapelle de Bourges, on a encore de ces sortes de chasubles que le duc du Berry, qui l'a fondée, y a laissées. Le ménage et la commodité les ont fait couper comme nous le voyons aujourd'hui. La grandeur de ces chasubles anciennes était aussi la raison pour laquelle on les levait par derrière, lorsque le prêtre faisait l'élévation. Sans ce secours, la chasuble relevée sur le bras aurait extrêmement pesé pendant cette action.

On me dit de plus, que cette chasuble n'était à l'origine qu'un manteau pour la pluie ; le placard qu'on voit sur le dos des chapes est le reste des capuchons, qu'on tirait sur la tête dans les mauvais temps. Le mot latin *pluviale*, dont on appelle la chape, marque cette vérité. — « La chasuble, dit M. Fleury dans son Livre des *mœurs des chrétiens*, était un habit vulgaire du temps de saint Augustin. La Dalmatique était en usage du temps de l'Empereur Valérien, l'Etole était un manteau commun même aux femmes ; et on l'a confondu avec l'*Orarium* qui était une bande de linge dont se servaient

tous ceux qui voulaient être propres pour recevoir
la sueur du col et du visage. La *Manipule* n'était
qu'une serviette attachée sur le bras, pour servir
plus proprement à la sainte Table. L'Aube même,
c'est-à-dire la robe blanche, n'était pas au commen-
cement un habit particulier aux Clercs, puisque
l'Empereur Aurélien fit au peuple Romain des lar-
gesses de ces sortes de tuniques aussi bien que de
ces grands mouchoirs qu'ils appelaient *Oraria*.

On me fit remarquer que ces habits extraordinaires,
ce langage inconnu du service, ne contribuaient pas
peu à montrer que le corps de l'Eglise catholique
subsistait dès le temps où ces choses étaient d'un
usage ordinaire, comme les lumières pouvaient servir à nous rappeler que nous sommes cette ancienne
Société que la fureur des Empereurs Payens forçait
de s'assembler pendant la nuit.

En continuant de m'expliquer toutes les parties de
la messe, on m'apprit que la *Collecte* se nommait
ainsi, parce qu'on la disait lorsque tout le peuple
était encore assemblé dans l'Eglise, et que, pour la
même raison, on appelait *Secrette* la prière qui se
disait lorsque les Pénitents et les Catéchumènes
s'étaient retirés.

On me dit que le *Graduel*, qui sépare l'Evangile,
était un Psaume dont le peuple s'occupait pendant
qu'on portait solennellement l'Evangile au Jubé, où
il le lisait afin que le peuple l'entendît. Les Versets
que l'on nomme *Offertoire* étaient un Psaume qu'on
chantait tout entier pendant que le peuple venait
faire des oblations, ce qui durait assez longtemps.

La Communion était aussi un Psaume qu'on chantait pendant la Communion du peuple.

Le lavement des mains qui suit l'Offrande, était
de nécessité ou du moins de bienséance. Les mi-

nistres les avaient salies par ces offrandes. Le trans-
port de l'Evangile du côté droit au côté gauche se
faisait aussi par nécessité. On mettait des offrandes
du côté droit, et pour avoir plus de place, on mettait
l'Evangile du côté gauche.

O me dit que la fraction de l'Hostie en trois parties,
dont l'une est mise dans le Calice, pouvait être un
reste de ce qui se faisait du temps où les Ministres
seuls recevaient les deux espèces, et où le peuple recevait seulement l'Hostie trempée ; ou bien un
reste du temps où le Prêtre et le Diacre reçoivent seuls
les deux épées séparées, et le Sous diacre l'Hostie
trempée dans une cuiller.

L'instrument qu'on appelle la Pais et qu'on donne
à baiser est un reste de ce saint baiser, si commun
autrefois entre les Anciens.

Je fus contente de tout ce qu'on m'avait appris, et
je trouvai qu'il y en avait assez pour me faire comprendre que les cérémonies dont on ne trouve pas
une utilité présente qui portât à les établir, si elles
ne l'étaient pas, étaient des restes de ces temps anciens
dont les conjonctures étaient tout à fait différentes
de celles de nos jours.

Je compris sans peine la difficulté qu'il y aurait à
ôter des choses établies depuis longtemps dans l'usage
public. Je compris de plus l'utilité des cérémonies ;
leur magnificence, comme je l'ai déjà dit, frappe
l'imagination des peuples et leur inspire du respect
et de la vénération pour les lieux où on les célèbre.
C'est par ces choses sensibles que la plupart des
gens s'élèvent jusqu'à Dieu.

Ceux qui ont plus de force, et qui ont moins besoin de ces secours, doivent les supporter par condescendance et par charité. Quoique leurs âmes étant
fortifiées par l'amour de Dieu et de Jésus-Christ, leurs

cœurs les conduisent partout, et particulièrement
à l'Eglise pour y adorer la Majesté de Dieu et y ad-
mirer Jésus-Christ dans tout ce qu'il a fait. Ils ne
doivent pas scandaliser les simples qui sont touchés
par la vue de ces choses, quoiqu'elles ne soient plus
nécessaires.

Je trouvai qu'on m'en avait assez dit pour me
donner l'idée que je devais avoir des cérémonies,
le reste serait une curiosité peu utile pour moi et
pour les autres. Il me parut même que des gens mé-
diocrement savants auraient de la peine à parler solidement sur la première origine de chaque cérémonie.

C'est ainsi que je finis l'examen laborieux et pénible que j'avais entrepris ; après avoir parcouru
toutes ces choses, je sentis une tranquillité qu'il y
avait longtemps que j'avais perdue. Ma première
tranquillité se pouvait appeler sécurité, car j'étais
contente, sans avoir examiné à fond si je le devais
être. La tranquillité que je possède à présent est
fondée sur toute la lumière dont je suis capable. »

Ici finit l'examen de la religion catholique fait par
Mme Chardon pour la plus grande gloire de notre
culte. Elle le termine par cette confiante *prière* :

Soyez à jamais béni, mon Seigneur et mon Dieu,
de ce qu'après avoir éclairé mon esprit, vous avez
enfin fixé mon cœur. J'étais protestante par naissance,
grâce à vos soins je suis catholique par choix. Mes
préventions sont évanouies et je suis mille fois plus
catholique que je n'ai jamais été protestante. Que
tout me récompense magnifiquement, mon Sauveur,
même dès cette vie des peines par lesquelles vous
avez permis que je passasse. Je jouis d'une parfaite
tranquillité dans le sein de celle que je ne haïssais
que parce que je ne la connaissais pas. Eclairée à

présent par les lumières que vous avez daigné ré-
pandre sur mon esprit, j'aime votre Eglise plus que
ma vie, et je ne puis m'empêcher d'envier le bonheur
de ceux que vous avez rendus dignes de souffrir en
soutenant ses droits. Encore une fois, mon céleste
Epoux, soyez à jamais béni, vous avez triomphé de
mon esprit et de mon cœur ; je vous consacre dans
ce moment l'un et l'autre. Mon esprit ne sera plus
occupé qu'à méditer les célestes vérités. Mon cœur
n'aura plus de sensibilité pour les choses périssables :
assez et trop longtemps ils ont couru l'un et l'autre
après des choses qui n'étaient pas capables de les
remplir : mais enfin, grâce à vos soins, tout vous
est soumis en moi, et je ne veux plus vivre que pour
vous donner les plus tendres marques de mon amour.
Faites-moi la grâce, mon Dieu, de réparer, par mon
zèle pour votre Eglise, le zèle aveugle que j'avais pour
la Religion dans laquelle j'étais engagée par ma
naissance. Si j'ai été autrefois assez malheureuse
pour éloigner par mon exemple et par mes paroles,
ceux qui voulaient entrer dans son sein ; que mon
exemple et mes paroles ramènent aujourd'hui ceux
qui voudraient s'en éloigner. Faites-moi la grâce de
réparer par une grande attention sur tous mes de-
voirs les dérèglements de ma vie passée !—puis-je
moins faire pour celui qui a tout fait pour moi ? Vous
n'avez rien négligé pour opérer ma conversion ; vous
avez surmonté mes résistances, vous vous êtes rendu
le maître d'un cœur rebelle, d'un esprit aveugle ;
vous avez couru après votre esclave, je ne pouvais
pas moi-même retourner à vous, si vous n'étiez venu
au-devant de moi ; ma conversion et mon retour
vers vous ont attendu votre miséricorde. Que de re-
connaissance et d'amour, une conduite si tendre demande !... Mon Seigneur et mon Dieu, mon cœur est

pénétré. Que vous dirai-je qui ne soit au-dessous de ce que je sens ! O que les soins que vous avez préparés pour ceux qui vous aiment sont grands ! Les avant-goûts, les prémices en sont dans mon cœur : quand vous verrai-je face à face, quand me sera-t-il permis d'entrer et de me présenter devant mon Dieu ; quand me sera-t-il donné de me désaltérer dans le fleuve de vos délices ? Mon âme se consume en désirs. Rompez Seigneur, rompez les liens qui me tiennent attachée à la terre, attendant ce moment heureux, ce moment tant désiré, conduisez-moi par vos sages conseils, menez-moi dans les voies de la justice. Vous avez rendu toutes mes pensées captives sous votre obéissance, vous avez pardonné les péchés de mon ignorance, pardonnez encore ceux que je commets à présent. Que je vive de la Foi, donnez-moi la force de marcher d'un pas égal dans la voie de vos commandements, donnez-moi les lumières et la docilité dont j'ai besoin pour profiter des secours que votre Eglise fournit, faites, mon Dieu qu'ayant à présent une Religion de principe et une piété d'ordre, j'avance à grands pas vers le but de ma vocation éternelle par Notre Seigneur Jésus-Christ.

« Amen ».

TABLE DES MATIÈRES

Saint-Amand (Cher). — Imprimerie BUSSIÈRE.

www.ingramcontent.com/pod-product-compliance
Ingram Content Group UK Ltd.
Pitfield, Milton Keynes, MK11 3LW, UK
UKHW021146220726
13924UKWH00003B/1031